문학과지성 시인선 365

# 생물성

신해욱 시집

문학과지성사

문학과지성사에서 펴낸 신해욱의 시집

syzygy(2014)
무족영원(2019)

문학과지성 시인선 365
## 생물성

초판 1쇄 발행 2009년 9월 7일
초판 17쇄 발행 2025년 4월 24일

지 은 이 　신해욱
펴 낸 이 　이광호
펴 낸 곳 　㈜문학과지성사
등록번호 　제1993-000098호
주　　 소 　04034 서울 마포구 잔다리로7길 18(서교동 377-20)
전　　 화 　02)338-7224
팩　　 스 　02)323-4180(편집) 　02)338-7221(영업)
전자우편 　moonji@moonji.com
홈페이지 　www.moonji.com

ⓒ 신해욱, 2009. Printed in Seoul, Korea

ISBN 978-89-320-1975-8 03810

이 책의 판권은 지은이와 ㈜문학과지성사에 있습니다.
양측의 서면 동의 없는 무단 전재 및 복제를 금합니다.

지은이는 2007년 한국문화예술위원회가 지원한 창작지원금을 수혜했습니다.

문학과지성 시인선 365
# 생물성

신해욱

2009

### 시인의 말

날짜와 요일을 배당받지 못한 날에
생일을 조금 빌려
일기를 쓰게 된 기분입니다.
산소가 많이 부족한데
저는 공들여 숨을 쉬거나 한 건지
모르겠습니다.

읽어주시는 분들께
정말 감사드립니다.

2009년 가을
신해욱

# 생물성

차례

**시인의 말**

### 제1부

축, 생일　9
끝나지 않는 것에 대한 생각　10
금자의 미용실　12
호밀밭의 파수꾼　14
따로 또 같이　16
레일로드　18
헨젤의 집　20
화이트　22
色　24
마리 이야기　26
천사　28
보고 싶은 친구에게　30
비밀과 거짓말　32
나와는 다른 이야기　34
굿모닝　36
나의 길이　38
스톱모션　40
클로즈업　42

눈 이야기　44
물의 가족　47
정각　48
구구단　50
100%의 집　52
벨　54

## 제2부

귀　57
점심시간　58
얼굴 外　60
물감이 마르지 않는 날　63
형제자매　64
지구의 끝　66
과거의 느낌　68
손　70
맛　73
바지의 문제　74
체육 시간　76
화석의 세계　78
부활절 전야　80
목도리　82
손님　84
Texture　86
생물성　88

젖은 머리의 시간 91
줄 속에서 92
소리 94
반+ 96
물과 피 98
밀크 101
푸줏간 주인 102
자루 104
빚 106
방명록 108

**발문**|헬륨 풍선처럼 떠오르는 시점과 시제·김소연 110

제1부

## 축, 생일

이목구비는 대부분의 시간을 제멋대로 존재하다가
오늘은 나를 위해 제자리로 돌아온다.

그렇지만 나는 정돈하는 법을 배운 적이 없다.
나는 내가 되어가고
나는 나를
좋아하고 싶어지지만
이런 어색한 시간은 도대체 어디서 오는 것일까.

나는 점점 갓 지은 밥 냄새에 미쳐간다.

내 삶은 나보다 오래 지속될 것만 같다.

## 끝나지 않는 것에 대한 생각

누군가의 꿈속에서 나는 매일 죽는다

나는 따뜻한 물에 녹고 있는
얼음의 공포

물고기 알처럼 섬세하게
움직이는 이야기

나는 내가 사랑하는 것들을
하나하나 열거하지 못한다

몇 번씩 얼굴을 바꾸며
내가 속한 시간과
나를 벗어난 시간을
생각한다

누군가의 꿈을 대신 꾸며
누군가의 웃음을

대신 웃으며

나는 낯선 공기이거나
때로는 실물에 대한 기억

나는 피를 흘리고

나는 인간이 되어가는 슬픔

## 금자의 미용실

금자의 손에 머리를 맡긴다.

금자의 가위는 나를 위해 움직이고
머리칼은 금자를 위해
타일 위에 쏟아진다.

나의 등은 꼿꼿하고
타일은 하얗다.

머리칼은 제각각의 각도로
오늘을 잊지 못할 것이고

나는 금자의
시간이 되어갈 것이다.

금자는 내 어깨에 두 손을 얹는다.
나의 목
나의 머리칼을

만진다.

미래의 우리는
이런 게 아니었을지도 모르지만.

## 호밀밭의 파수꾼

교과서를 읽으며
나는 감동에 젖는다.

아픈 아이들이 아프지 않도록
혼자 죽은 나무들이 외롭지 않도록

정성껏 밑줄을 긋고
한쪽 눈으로 눈물을 흘린다.

칠판에는 하얀 글자들이 가득하고
조금씩 움직인다.

나는 같은 자세로 앉아
자꾸만 같은 줄을 읽으며

나를 지나
그냥 가버리고 마는 이들을
지키고 있다.

죠스처럼
이빨을 드러내며 웃고 싶어진다.

## 따로 또 같이

앞으로는 이름을 나눠 갖기로 하자.
아주 공평하게.

지금까지의 시간은
너무 이기적이고 외로웠어.

우리는 두 개의 눈과
두 개의 귀와
수많은 머리칼이 있지만

나의 몫은
그런 식으로 존재하지 않는다.

손금은 제멋대로 흐르다가
제멋대로 사라지고

꿈속에 사는 사람은
꿈 밖으로 팔을 뻗어 전화를 받고

나는 뺄셈에 약하다.
남는 것들
사라지는 것들이 이해되지 않는다.

이름을 나눈다면
뒤를 밟히는 일도
두 개의 소리를 듣는 일도 없을 거야.

그렇게 생각하자.

# 레일로드

1. 기차가 있다

기차는 길다.

기차가 자꾸만 길어져서
햇빛이 모자란다.

뒤로
또 뒤로 물러서며
나는 지구를 실감한다.

나는 멀다.


2. 나는 사람이다

나의 웃음과 함께
시간이 분해되고 있다.

그런데 왜 나는 나로
사람은 사람으로
환원될 수 없는 것일까.


3. 나는 기차를 이해한다

기차는 자꾸만 길어진다.

그림자는 조금씩 더 길고
창백하다.

여름과 여름 사이로
다른 여름이 간다. 가볍고
끔찍하게.

## 헨젤의 집

나는 귀가 뾰족하지.

사탕이 나를 죽였지만
나는 또 나쁜 냄새가 나는 사탕이 되어가는 중이야.

공기는 내 팔에 달라붙어 떨어지기를 싫어하고
나는 도마뱀 같은 날씨. 약간 얼어붙은 이런 자세로

키스를 하고 싶어.

보라색 립스틱을 바르고 나는 두 배로 커진 입술.
영원한 물처럼
모든 소금의 맛을 구분할 수 있지.
두 배의 웃음도 가능하다네.

그러니까 누군가 나의 집이 되길 원한다면
내가 먼저
차분한 아침 인사를.

팔다리가 버터처럼 녹아버리기 전에.
머리가 물처럼 맑아지기 전에.

# 화이트

춥다.
나는 열거되고 싶지 않아.

심장은 하나뿐인데

나의 얼굴은 눈처럼 하얗고
눈송이처럼 많다.

나는 검은 가발을 벗지 못하고

투명한 슬리퍼를 신어도
투명해지지 않는다.

나는 어제와 조금씩 다르다.

나는 내가
물처럼 숨 쉬는 소리를 듣는다.

나는 원하지 않는 생각에 잠기고
오늘은 자꾸만 끝이 난다.

춥다.

色

나는 과도한 색깔에 시달린다.
내가 나빴다.
좋아하는 것들이 많아져서
색깔을 훔치곤 했다.
천연의 것들.
인공의 것들.
미안. 너의 그림자도 건드렸다.
심지어는 물에게까지 그랬다.

색깔들이 불규칙하게 차올라서
나는 쉽게 무릎이 꺾인다.
나는 눈동자가 커다랗고
내가 너무
무거운 것이다.
그렇지만 좋은 것들은 정말 많고
네가 있고
나는 녹이 슬고
나는 호흡 곤란.

오래오래
그럴 것이다.

## 마리 이야기

마리에게는 얼굴이 있다.
나에게도 얼굴은 있지만
나는 할 일이 많다.

마리의 얼굴은 분홍색.
빨리 뛰면 내 이빨은 흔들리지만
마리의 입속에는 이빨이 없다.

마리의 입은 웃는 일을 한다.
어두워도 그만.
내가 있어도 그만.

슬프면 마리에게선
눈물 대신 까만 눈이 떨어지지.

나는 다음에 할 일들을 생각해야 하지만
마리를 대신해서
내 얼굴로 웃는 일을 하고 싶어진다.

언젠가는 마리도 어른이 되어야 할 텐데.
그렇지만 늘 시간은 부족하고
생일은 바람처럼 지나간다.

## 천사

나는 등이 가렵다.

한 손에는 흰 돌을
한 손에는 우산을
들고 있다.

우산 밖에는 비가 온다.

나는 천천히
어깨 너머로 머리를 돌려
등 뒤를 본다.

등 뒤에도 비가 온다.

그림자는 젖고
나는 잠깐
슬퍼질 뻔한다.

말을 하고 싶다.
피와 살을 가진 생물처럼.
실감나게.

흰 쥐가 내 손을
떠나간다.

날면,
나는 날아갈 것 같다.

## 보고 싶은 친구에게

열두 살에 죽은 친구의 글씨체로 편지를 쓴다.

안녕. 친구. 나는 아직도
사람의 모습으로 밥을 먹고
사람의 머리로 생각을 한다.

하지만 오늘은 너에게
나를 빌려주고 싶구나.

냉동실에 삼 년쯤 얼어붙어 있던 웃음으로
웃는 얼굴을 잘 만드는 사람이 되고 싶구나.

너만 좋다면
내 목소리로
녹음을 해도 된단다.

내 손이 어색하게 움직여도
너라면 충분히

너의 이야기를 쓸 수 있으리라 믿는다.

답장을 써주기를 바란다.

안녕. 친구.
우르르 넘어지는 볼링핀처럼
난 네가 좋다.

## 비밀과 거짓말

아무도 모르게 체조 선수가 되었다.

옷 속에 팔과 다리를 잘 집어넣은 채로
나는 태연하게 걸어 다닌다.

잠 속에서만 팔다리가 길어진다는 건
억울한 일이지만
줄 없이도 줄넘기를 할 수 있는 밤들.
나쁘지는 않다.

달리면 나 대신
공중의 시간이 부드러워지지만
아주 약간일 뿐.
내가 나에게로
어이없이 돌아오는 일은 없다.

세상에는 언제나
한 명의 체조 선수가 부족하고

나는 심장이 뛴다.

그것은 아무도 모르는
무척 아름답고 투명한 일이다.

## 나와는 다른 이야기

나에게는 두 개의 눈이 있다.
한 눈으로는 왼쪽을
한 눈으로는 오른쪽을 본다.

왼쪽에는 창밖이
오른쪽에는 어항이
있다.

물고기는 밤이 되어도
물속에서만 살아간다.

나는 물고기의 눈을 이식한 것처럼
잠을 자면서도
뜬눈으로 많은 것들을 본다.

그곳에서도
나무는 잎을 가지고 있다.
나는 뒷모습을 가지고 있다.

어제의 이야기
오늘의 이야기는 조금
속도가 다르고

무엇으로도 이어지지 않는다.

나의 눈은 두 개이면서도 외롭다.

# 굿모닝

오늘은 해가 떴다.
그러니까 오늘은
환한 사람이 될 수 있을 거야.

야구 모자를 깊숙이 눌러쓰고
나는 180도로
다른 얼굴이 되어가지.

모자 속에 눈이 묻히고
총에 맞아도 웃음이 살아남는
인형의 입술이 되고

그리고 진짜 아침을 먹으면
목 밑에 목이 이어지는 것처럼
오래도록 이야기를 할 수 있을 거야.

마술사의 손을 가진 것처럼
피아노를 칠 수도 있을 거야.

그다음엔 하얀 장갑을 끼고
열 개의 손가락을 가져야지.

사실을 사랑하는 사람이 되는 거야.

## 나의 길이

나는 쉽게 길어진다.
예측 불허의
이야기 같다.

하지만 할 일은 자꾸만 저쪽에 있다.

힘껏 던져버려도
교실은 그대로 사각형이고
창밖으로는 대신
그림자가 조용히 늘어지고
나는 여전히 노란 완장을 찬 채

아무렇게나 굽이쳐도 상관없는
등뼈를 따라 걸어간다.

유관순 양과 복도에서 마주치면
가볍게 목례를 해야지.

오늘은 세상에 한 번뿐인 기념일.

생각은 내가 가는 쪽으로 흐르고
네가 누구더라도
나는 너와 나이가 같다.

## 스톱모션

생각이 하고 싶어지면
집을 생각해.

벽이 마구 흘러 다니다가
스톱.

무럭무럭
집은 안쪽으로 자라고

생각 속에는
내가 있지.

생각 속에는 또 조금씩
나에게 접근하는 것이 있지.
조금씩

우리 집에는 한 사람이 더 필요해.

하지만 나의 집.

뒤를 보며
한 번 더 스톱.

생각 속에서 집이 무너진다면

나는 내가 된 다음에 태어났을까.
내가 되기 전에 태어난 걸까.

## 클로즈업


나는 얼굴도 들어갈 만큼 큰 입을 가지고 있다.
치과 의사에게 이빨을 맡기고
잠깐 놀러 갔다 와도 괜찮을 것 같아.

하지만 입술은 자꾸만 얼굴에 있다.
크기 같은 것에
연연해서는 안 된다는 듯. 혹은
심해의 질서에
젖어 있기라도 한 것처럼.

칫솔질을 해도 이빨은 움직이지 않고
잠이 들면 나는
맛 좋은 초콜릿을 먹으며 천천히 썩어가는 심정이 된다.

얼굴에서는 누더기 같은 표정이 흘러나오겠지.
청테이프 따위는
아무런 쓸모가 없겠지.

얼굴만을 따돌린 채로
나는 걷잡을 수 없이 자라는 중이겠지.

## 눈 이야기

1. 한 번에 한 사람이 된다는 건 충분히 좋은 일

매일 다른 눈을 뜬다.

아침은 어김없이 오고

뜨고 싶은 눈을 뜬 날엔
은총이 가득하다.

그렇지만 뜨고 싶지 않은 눈을 뜬 날에도
키스를 받고 싶다.


2. 한꺼번에 한 사람이 될 수 없다는 건 조금 슬픈 일

눈동자가 잔뜩 그려진 티셔츠를 입고
내일부터는 커다란 잠자리가 되려고 한다.

오늘은 나의
마지막 날.

마지막 눈으로
창밖을 본다.

눈에는 눈. 또
눈에도 눈.

날개를 뜯긴 잠자리처럼
푸드덕거리며 오는 아침.


3. 부탁이 있다

한 개의 눈을 미리 뜨고
약간의 사람이 되는 건 옳지 않은 일.

엄마는 슬퍼서 눈물을 흘리겠지만
나는 이제 그런
맑은 액체를 닦아낼 수가 없지.

함께 흘릴 수도 없지.

## 물의 가족

오늘 점심으로는
물고기 밥을 먹었다.

길고 우아한 목을 가진 물고기를 상상하는 건
너무 어려웠기 때문이다.

나는 나의 목선을 종이 위에 그리고
오랫동안
배가 고프지 않기를 기다린다.

종이는 물 밑에 가라앉고
죽은 물고기는 가볍다.

심심한 노래를 부른 다음
죽은 물고기와 함께
소금을 나눠 먹을 수 있다면 좋을 것이다.

## 정각

나는 중심이 되었다.
숨을 쉬면
뼈에 살이 붙는 느낌이 난다.
생각을 하면
침착하게 피가 돈다.

밤이 온다.

나는 내 바깥으로 튀어나가버릴 것처럼
많은 것들이 이해된다.

    *

그러니까 명왕성처럼 타원을 그리며
오래오래 달리는 일도 가능할지 모르지.
명왕성이 사라진다고 해도
명왕성의 궤도가 혼자 남지 않게.
명왕성의 이름이 없어져도

명왕성이 쓸쓸하지 않게.

　　　*

쓸쓸하지 않게.

　　　*

손톱이 자란다.

어쩌면 나의 시간도
돌아오고 싶지 않은 것일지 몰랐다.

## 구구단

구구단을 외웠다.

하나에서 열을 만들자.
둘은 사라지게 하고
당장에 셋을 낳고
넷은 잃기로 할 것.
다섯과 여섯에서는 일곱과 여덟을 만들고*

고양이의 목숨은 아홉 개.
손가락은 다섯 개 다섯 개
열 개.

구구단은 생물로 가득하다.
나는 숫자가 되어간다.

손가락은 아홉 개인 것처럼
하나가 남아돌고
아홉 개의 목숨에서

고양이는 사람을 위해
빌려줄 수 있는 여분이 없다.

*아홉은 하나. 하나에서 열을 만들려면*\*
마지막 손가락을 잘라
고양이에게 던져줄 필요가 있지.

구구단은 아홉 번까지만 외울 수 있다.

나에게는 셀 수 없이 피가 많다.

\* 마녀의 구구법. 『파우스트』에서.

# 100%의 집


사람이 살지 않는 집에는
유리를 잔뜩 그려놓고
깨뜨려버리는 일이 필요하다.

유리는 어떤 유리라도
투명할 테니까
지문이 많아도 괜찮을 것이고
여러 개의 이름을 겹쳐 쓸 수도 있다.
입술 위에
입술을 포갤 수도 있다.

어차피 그랬다는 듯이
유리들은 무덤덤하게 사라질 것이다.
집은 다시
집으로 가득할 것이다.

공기 속에는
우리의 흔적이 무척 많이 남아돌고

몇 겹의 숨소리가 들리고
어쩌면 깨진 유리 한 조각이
근처에서 반짝이고 있을지도 모르지만.

그러니 옆에 있는 나무가
사람의 마음을 흘린다면
눈 코 입을 환하게 그려줄 것.

누구니, 라고 묻는다면
나야, 라고 대답할 것.

# 벨

이상한 전화가 왔다.

"기다려. 지금 갈게."

    *

기다려. 지금 갈게.

    *

식민지가 된 것처럼 나는 조용했다.

여분의 손에 수화기를 맡기고
두 손을 포함하여 나는
원래부터 그래야 했던 것 같았다.

제2부

# 귀

귀가 몇 개만 더 있으면 정말 좋았을 텐데.

물이 물에 녹는
소리 속에서
오래오래 생각에 잠기고 싶었다.

## 점심시간

카레를 먹었다.

이런 생각을 했다.
왜 나는 조용한 음식이 좋은 걸까.
사슴은 카레가 맛있을까.

    *

창밖을 보았다.

도로에서 죽은 사람의 하얀 자세가
오랫동안 차에 밟히고
또 오랫동안 비를 맞는다.

나는 아무도 모르게
정지했다가
타이밍을 놓치고
숨을 쉬고 만다.

*

어제의 물을 마셨다.

비에 젖는 방법이
기억나지 않았다.

# 얼굴 外

1. 위로

외국 손님이 왔다.

햄릿의 삼촌 같은 얼굴을 하고
얼어붙은 입술을
천천히 움직였다.

"죽은 사람에게도 웃음은 필요해."

나는 햄릿을 흉내 냈다.

"괜찮아요."

참은 웃음이 입술 위를 기어가다가
간신히 사라졌다.

2. 얼굴에서 무언가가 움직였다

참은 웃음은 벌레와 같았다.

죽은 듯이 숨어 있다가
어딘가에서
간헐적으로 꿈틀거린다.

나는 그렇게 이해하도록 벌을 받고 있다.


3. 얼굴 외 웃음

싫다.
나는 머리를 세게 흔들었다.

공깃돌 같은 이빨들이 두개골에 부딪히며
달그락거리는 소리가 났다.

김치, 하고 웃어라.


4. 얼굴 외 시간

겨울이 온다.
나에게는 입술이 없다.

이빨이 얼어버리면 정말 단단하겠지.
얼굴은 점점 무거워지겠지.

지금은 그렇지는 않다.

눈이 올지도 모른다.
손님이 올지도 모른다.

## 물감이 마르지 않는 날

그날 나는 물 같은 시선과 약속을 했다.

가운뎃손가락에 물을 묻혀
원을 그리고
붓을 빨아 햇볕에 말렸다.

나의 약속은 마르지 않는다.

*

물이 아니라면 내 영혼은 외로움에 젖겠지.

나는 피가 무거웠고
눈이 나빴다.

지워지지 않는 종이와
투명한 믿음이 필요했다.

그날이 내게는 그랬다.

## 형제자매



그곳에 어린 동생을 두고 나 혼자 깨어났다.

초식동물의 꿈속처럼
나무에는 똑같은 열매들이 지루하게 열렸고
숨죽인 숨소리와
응결된 산소 입자들이 떠다녔다.

추웠다.

    *

이사를 가야 하는데.
동생은 우유를 많이 먹고 뼈가 튼튼해져야 하는데.

죽은 인형을 묻어주어야 하는데.

    *

내 눈이 녹색이라면 풀이 얼마나 많았을까.

동생의 이빨이 날카로웠다면 어떤 피 냄새가 났을까.

    *

나는 동생이 없는 이삿짐을 싸기 위해
선인장을 사고 있다.

동생의 주위에
식물들이 더 이상 접근할 수 없도록

인형의 손을 대신 꼭 잡고

## 지구의 끝

건조한 기억은 열매와 같았다.

나는 나에게서
그것이 뚝 뚝
떨어지는 소리를 들었다.

수소를 채운 것처럼
머리가 가벼워지고 있었다.

    *

내 목을 꼭 움켜잡았다.

나는 지구를 떠날 수는 없었다.

목성에서 물이 떨어지는 속도
이름 없는 혹성에 대한 자유 연구
그런 것은 나에게

어울리지 않는다.

나는 상상력이 너무 빈곤해서
손가락을 잘라도 가루가 날릴 것이다.

어떤 물에도 녹지 않을 것이다.

　　*

나는 그림자만 키가 크다.

그림자에게는
비가 오고
어제도 있다.

내가 목을 움켜잡고 있는 동안
따로 또 같이.

## 과거의 느낌

등을 맞고
고개를 돌렸다.

*그게 아니라
다른 일이 일어날 거야. 틀림없이.*

주머니에 손을 넣고
나는 인간과 같은 감정을 몇 개씩
달그락거려본다.

이럴 때 인간이라면 보통
어떻게 해야 하는 건가.

이상하다.

이렇게 시간이 많은데.
죽지 않은 지
참 오래된 것 같은데.

나는 더 이상
키가 크지 않는데.

# 손

장갑을 끼었다.

터무니없이 손이 작아졌다.
무릎 위에 놓으니까
무척 이상하다.

    *

실은 내가 부러웠던 건
네가 아니라
너의 부드러운 손가락.

너의 손가락으로
내 손을 잡고
내 얼굴을 만지고
그리고 네 얼굴을 만지는 것.

사랑은 왜 세 사람이 할 수 없을까.

왜 세상에는
너와 나밖에 없는 것일까.

   *


장갑을 벗고 창문을 짚었다.

조심스럽게 떼어낸다면
손금이 유리에 옮겨 붙을 것이다.
제멋대로 자랄지도 모른다.

그래도 운명은 지켜져야 할 테니
창문이 깨지지 않도록 테이프를 붙이고
다시는 장갑을 벗지 말도록 하자.

   *


장갑 속에는 손이 두 개.

하나는 나의 것
하나는 너의 것이었으면 좋겠다.

# 맛

어쩌지? 꿈이 너무 달콤해서
이빨이 썩고 얼굴이 녹아버릴 것 같다.

손을 잡아다오.

너의 숟가락과 나의 숟가락은 맛이 다르지만
우리는 희망을 나눈 사이.

따뜻하고 동그란 손을 잡으면
나는 핫케이크를 먹는 기분이 되고

겨울이 온다.

나는 기꺼이 기다리고 싶어진다.

날개도 예감도 준비되지 않았지만
우리는 손가락이 잘 맞잖니.

## 바지의 문제

네가 입은 청바지를 입어보고 싶다.

원래는 나를 위해 만들어진 것 같아
눈을 뗄 수가 없구나.

수습될 수 없는 느낌으로
나는 나의 다리를
천천히 청바지 안에 그려본다.

뒷주머니에 손을 넣고
무릎에 힘을 주고

나의 어깨에
너의 머리를 기대어본다.

내가 잘되고 네가 잘못되면
나는 마음이 아프겠지.

내 얼굴 위에 다른 얼굴이 필요해지면
꼭 너에게 부탁하마.

미안하다.

그렇지만 나의 다리는 금방이라도
인어가 될 것 같구나.

## 체육 시간


체육 시간이 가까워 오면
체육복이 없어지고
나는 땀을 뻘뻘 흘린다.

옷이 젖었다.
나는 내가 두 개인 것처럼
무겁다.
하지만 체육복이 없으니까
가장 가벼운 친구의 등 뒤에
잘 숨기로 하자.
아무것도 아닌 것처럼
준비운동을 하자.

친구의 머리는 어지럽다.
친구의 신체는 내가 흘린 땀으로
엉망이 되고
나는 손과 발이 쓸모없어진다.
코피가 나지 않는다.

체육 시간이
계속해서 끝나가고 있다.

이제는 정말로 숨을 잘 멈추어야 한다.
체육복이 돌아오고
혼자 남겨지는 건 싫다.
숨 고르기 같은 일을
혼자서 할 수는 없는 것이다.

## 화석의 세계

너는 좋아 보이는구나.
나는 손가락에 붕대를 감고 있어.

실은 정물에 가까워지고 있었는데
내 손가락은 반대로
살아 있는 생물처럼 맹렬하게 움직이려고 했다.

이런 손가락으로는 정말 곤란하다.

등뼈가 부러진 뱀이 바닥을 기어간다면
흔적은 축축하고
나는 속수무책이겠지.

내가 아끼는 돌멩이에 물을 많이 준다면
밤사이에 갑자기 바위로 자라나서
나를 향해 굴러오겠지.
무섭겠지.

그렇지만 너는 무섭지 않고
좋아 보이는구나.

그렇지만 나에게 일어난 일이라면
너에게도 일어날 수 있는 일.

손가락이 너의 방향을
이해해버릴지도 모르는 일.

## 부활절 전야

조심해.
부활절 계란을 소금에 찍어 먹으면
벌을 받을 거야.

그것은 이웃의 말이었다.

이웃의 방문은 느닷없는 것이었지만
그는 경험이 풍부하고
똑똑한 사람이다.

나는 이웃의 손을 잡고
눈물을 펑펑 흘리며
짠맛이 다 죽은 소금이라면 어떻겠느냐고 물었다.

이웃의 손은 미끄러웠다.
이웃의 눈은
백내장 같은 것을 앓고 있었다.

그렇다면 나는
어떤 자세로 내일을 맞이해야 하는가.

차라리 이웃과 결혼을 하면 어떠한가.

계란을 삶으며 나는 오늘
이웃의 입과
곤계란을 먹는 나자로를 상상하며
나의 미래가 불안하다.

## 목도리

머릿속에서 나쁜 냄새가 났다.
그렇지만 코를 막고 환기를 시키는 일은 너무 어려웠고
나는 분홍색과 주황색이
실과 머리카락이
구분되지 않았다.

머릿속에서 매일 목도리를 뜨기 시작했다.
대나무 바늘, 따뜻한 실, 나의
오른손, 왼손이
차분하게 움직이는 것을
어떤 날은 세 단
어떤 날은 일곱 단인 것을
볼 수 있었다.

생각이 멎을 때면 목도리는 사라지고
말라붙은 빗방울들이 떠다닌다.
모른 체를 하고

오른손, 왼손, 오늘도 맑음, 어제도
맑음, 그렇게 하면
생각과 생각을 잇는 것처럼
목도리는 조금씩 길고
나쁜 냄새가 심하지 않고

나는 고마웠다.
머리카락을 제대로 이해하는 사람이 된 것처럼
어깨가 넓어지고
목이 조금 길어졌다.

# 손님

월요일이 오고 있을 것이다.

월요일과 화요일이 지나면
내 방에서는 사람 냄새가 나지 않고
나는 수요일이 아닌 채로
수요일을 대신하며
옷을 벗게 된다.

키가 없는 몸으로서
문틈으로 내 방을 훔쳐보면
모서리. 면. 각.
수요일과 내가 함께 없는 방은
사각의 본질로 충만하다.

지금 이대로 내 방을 꼭 끌어안고
벽에다가 얼굴을 비빌 수만 있다면 얼마나 좋을까.

나는 그런 욕망에 사로잡혀

수요일이라 할 수 없는 나를 대신 끌어안고
수치를 견디는데
언제 끝날지 알 수 없는 수를 세며
월요일 같은 것을 기다리는데

그런데 누군가 나보다 먼저
내 방을 사랑하고 있다.
키가 크고 있다.
사소한 훼손도 없이
수요일과 중력에 대한 두려움도 없이

Texture

그의 글씨에는 매듭이 없었다.

나는 그의 글씨를 풀어
긴 옷을 만들어야만 했다.

우리는 서로를
모른 체하고 있지만

긴 옷에서는
나의 냄새가 나고

그는 너무 잘 맞는 옷을 입고
굳어가는 몸.

  *

생각들이 전부 뼈로 만들어진 것처럼
그는 완전한 사람이 되어간다.

뼈가 보일 만큼
뼈를 넘어설 만큼
선명한 이야기가
손끝에 만져진다.

매듭에 대한 것만이 유감으로
남겨지고 있다.

## 생물성

한쪽 눈에 하얀 안대를 하고
하얀 마스크를 썼다.

쥐에게도 개에게도 얼굴이 있다는 걸 생각하면
나는 터무니없이 부끄러워지고
풀이 죽는다.

토끼의 목소리를 들었다.
나는 알비노야. 자네는?

제발 가라. 한쪽 눈을
강제로 감았다.

    *

실은 입이 점점 병들고 있는 중이었다.

동시에 두 개의 말이 나오는데

나는 말의 방향을 짐작할 수 없었다.
이빨에 힘을 줄 수도
턱을 움직여 음식물을 씹을 수도
없었다.

광대뼈가 움직였다.

    *

아마도 나는
우리를 탈출한 흉폭한 동물을 생포하기 위한 예행
연습.

나는 단련되어가고 있었으나
그것은 상상 불가능한 표정이었다.

여분의 마스크와 안대를
주머니에 넣었다.

얼굴이 없는 불행을 견디기엔
나는 너무 나약했다.

# 젖은 머리의 시간

그의 손으로 머리를 감았다.

그는 병아리 감별사처럼 부드러운 손을 가지고 있었고
나의 뇌에서 일어나는 일은
고스란히 그의 손에 만져지고 있었다.

헬멧을 쓰고 도망가고 싶었으나

나의 뇌는
나를 가로막았고
그의 손은
젖은 채 나의 두 귀를 꼭 틀어막았다.

점액질의 머리로서
어떤 자세가 나에게 허용될 수 있는지
나는 몸 둘 바를 알 수가 없었다.

## 줄 속에서

그것은 질서 정연한 행진이었다.

한 사람이 한 줄씩인
그 외에는 아무것도 아니고
아무것도 없는
그런 행진이었다.

그러나 나에게는 앞뒤가 있었다.

머리를 세게 흔들며
이래서는 안 된다고 생각했다.

나도 한 사람이 아닌가.

그러나 나는 점점
부축이 없이는 곤란해지고 있었다.

"혼혈아는 어쩔 수 없다."

칼에 찔린 것처럼 어지러웠다.

나에게서는
두 가지의 피가 흐르는 중이었다.

거짓말처럼 선명했다.

다른 사람의 피를 확인하는 일이
필요해지고 있었다.

# 소리

오늘의 귀에서는
종이가 찢어지는 소리만이 들려왔다.

그것은 다만
한 장의 종이이고
무색이며
가장자리가 없는 것이 분명한데

그러나 그것은 아무래도
소중한 페이지 같았다.

모서리를 접어 간직해두지 않으면
안 될 것 같았다.

나는 생각을 기울여본다.

귀를 조금 찢어 소리 쪽에 던져주는 것으로
그것을 대신해볼까 한다.

소량의 피를 흘리며
남은 귀에 나를 맡기고

하루에서는
삼십 분이 삭제된 것처럼.

# 반+

처음에는 이렇지 않았다.

그것은 나의 왼쪽 팔에 팔짱을 끼고
왼손으로 글씨를 쓰는 사람인 것처럼
스스럼없이 나를 따라다녔다.

내 팔을 놓아라.

그러자 그것은 하얀 쪽지 위에 하얀 색연필로
똑같이 받아썼다.



달필이었다.

찢고 싶었지만
나에게는 결정권이 주어지지 않았다.

나는 왼쪽이 현저하게 부족하고
그것은 나를 잘 알고 있었다.

"처음에는 이렇지 않았다."

그것의 왼손은 조금씩
나의 오른손을 파고들었다.

나의 두 손이 깍지를 낀 것처럼
아무런 느낌 없이
나는 처음에 대한 생각에 빠져들어야만 했다.

## 물과 피

피가 났다.

생각하고 싶은 것들이 너무 많아서
목이 말라가는 중이었다.

목을
조심해야 하는 시간이었다.

    *

손가락 중의 하나가 저절로 움직이며
나의 이목구비를 하나씩
하나씩
지우기 시작했다.

피에 섞인 생각들을
맨 처음부터
청결한 얼굴 위에 그려 넣으려는 것이었다.

물을 마셔야 하는데.
물을 마시고
힘을 내서
손가락으로부터 벗어나야 하는데.

눈을 떠야 하는데.

    *

그러나 먼저
피가 났다.

만약의 물을 미리 마실 수는 없는가.

목을 보호하며
한겨울 같은 이빨을 키운다면
어떠한가.

그러나 피에는
그런 생각마저
빠짐없이 섞여 있었다.

# 밀크

손에서 비린내가 났다.

당분간은 손을 쓰지 말아야 한다.

먹을 수 있는 것의 아름다움을 생각해야만 한다.

하얗게 굳은 우유를 마실 준비를 해야 한다.

어쩔 수 없는 일이다.

젖은 손이었다면
손목을 잘라 냉장고 속에 차갑게
식힐 수도 있었겠지만.

뜨거운 손이었다면 혈서를 써서
대신 냄새를 맡아볼 수도 있었겠지만.

## 푸줏간 주인

그는 전력 질주하기 직전의 표정으로 고기를 팔며
커다란 미소를 지었다.

내가 거부할 수 있는 것은 없었다.

그러나 나는 맨손이고
그의 미소를 감당하기엔
팔이 너무 짧다.

힘껏 벌려도
혼자서는 어깨가 빠질 만큼
벌릴 수가 없고
그의 미소는 손끝에서
핏물과 함께 자꾸 흘러내린다.

나를 믿어 마지않는 그에게
나는 어찌하면 좋은가.

왜 그에게는
실망의 표현이 존재하지 않는가.

## 자루

그는 폐가 없는 듯이 숨을 쉰다.

나는 내용물이 가득한 자루를 끌어안고
쉴 새 없이 일을 하고 있다.

    *

"자네가 있을 곳이 아니야."

그는 나를
숨 쉬는 가구들이 들어찬 방으로 밀어 넣고 있다.

배설물이 가득한 꿈을 강요하고 있다.

머리카락이 무럭무럭 자라는 베개 속에서
내가 허우적거리는 것을 좋아하고 있다.

어떤 나라는 너무 크다.

지도로서는 이해가 되지 않는다.

    *

나는 간신히 자루를 붙잡고 있다.

자루 속에
숨을 수는 없다.
일을 해야 한다.

# 빚

천사에게
몸을 꾸었다.

부족하지 않을 만큼 나에게도 있었는데
시간과의 비례가
나는 아주 좋지 않은 경우였다고 한다.

천사의 몸으로서
앞으로 나는 빚에 시달리게 된다.

날개로 간신히 숨을 쉬며
무거운 어깨가 영영
어쩔 수 없어져가게 된다.

천사는 거의 뒷모습으로 웃으며
눈보다 하얀 생각에
파묻혀야 한다고 했다.

천사의 몸은 언제나
돈보다 비싸고
시간보다도 긴 것이므로
갚을 길이 없다고 했다.

쓸모가 없어진 나의 표정을
결국 나는
몇 번밖에 본 적이 없게 된다.

깨질 것처럼 단단하게
굳은 얼굴 속에서

그러나 천사의 눈물이
나의 앞을 가로막게 된다.

## 방명록



옆집의 주소로
하얀 가발과
제2의 얼굴이 왔다.

나와 똑같은 인간으로 가득 찬 세계에서 온
초대였다.

그렇다면
세수를 해야 한다.

    *

세수를 한 얼굴로서
나는 옆집을 찾는다.

다음엔 문지방을 밟은 채로
제2의 얼굴에
하얀 가발을 쓰고

난색을 표한다.

"사실 나는 다른 사람이야."

    *

바로 뒤에서
얼굴이 나를 뚫어지게 쳐다보았다.

우리 집에 가자.
우리 집에는
이름이 아주 많아.

| 발문 |

# 헬륨 풍선처럼 떠오르는 시점과 시제

### 김 소 연

 신해욱의 시는 늦게 온다. 연과 연 사이가 아득하기 때문이다. 그 아득한 틈을 우리는 천천히, 너무나도 천천히 이동해야 한다. 초속 5센티미터*쯤의 속도로 그 틈을 통과하고 나면, 문득 우리는 다른 시공간에 있다. 신해욱의 시는, 그 연과 연 사이는 웜홀과 비슷한 데가 있다. 그 틈을 통과하면 우리는 시인이 발화하지 않은 낯선 곳에 도착한다. 이상하고도 따뜻한 정오의 공원 같은 곳에 도착한다.

 나는 오늘도
 사람들과 함께 있다.

---
\* 벚꽃 잎이 지는 속도.

누군가의 머리는 아주 길고
누군가는 버스를 탄다.

그때에도
이렇게 햇빛이 비치고 있을 테지.

그때에도 나는
당연한 것들이 보고 싶겠지.　　　―「그때에도」 전문

 신해욱의 첫 시집 『간결한 배치』(민음사, 2005)의 마지막에 수록된 작품이다. 혼자 있는 시간이 적적할 때면 이 시를 꺼내 읽어보자. 적적함이 사라질 것이다. 어떤 자리 어떤 순간에서 우리와 함께했던 벗들이 떠오를 것이다. 함께했던 다정한 온기들이 햇살처럼 배어나올 것이다. 다정했던 시간들이 다하자 뿔뿔이 헤어지는 순간이 온다. 집으로 가는 버스를 타려고 총총히 돌아서는 벗들의 뒷모습. 저마다 혼자가 되어 버스의 창문에 이마를 기댄다. 시인은 비로소 등장한다. 같이 있었던 시간과 헤어지는 시간의 그 사이에. 시인은 생각에 잠긴다. 그때에도 이렇게 우리는 머리를 맞대고 다정할 거고, 그때에도 이렇게 햇빛이든 달빛이든 우리를 비추겠지. 그때는 조금 전에 지나가버린 함께했던 시간일 수도 있고, 언젠간 다시 찾아올 미래의 시간일 수도 있다. 과거이자 미래인, 과거이거나 미래인. 시인은 지금 이 순간에 있다. 다했지만 또 도래할 시간, 아직 도래하지 않았어도 기약과 같이 배후에 배어 있는 시간 위에. 또 함께하겠지 하는 마음으로. 이렇게 반복되겠지 하는 마음으로. 이건 당연한 일이고, 이 당연한 것들을 그리워하는 한, 언제고 우리는 함께 있을 거야 하며.

    신해욱은 이렇게 시 한 편에다 언제나 여러 시간들을 감쪽같이 섞는다. 어느 시간 어느 때를 그려 보이는 것 같다가도, 다른 시간 다른 때를 그려 보인다. 아주 조용히. 눈 깜짝할 사이에. 이것을 나는 '신해욱의 웜홀'이라 부르고 싶다.


### 1인칭의 변신술

    신해욱이 발견한 웜홀의 입구는 '인칭'이다. 1인칭의 변신술이다. 신해욱의 시에는 인칭들이 생략되어 있는 경우가 많다. 고백체를 쓰는 것으로 보아 생략된 인칭이 1인칭일 것 같기도 하지만, 천천히 읽어나가다 보면, 인칭들이 휘발되는 것이 느껴진다. 찬찬히 읽어나가다 보면, 인칭 없는 고백들이 1인칭으로 다시 수렴되는 것이 보인다. 시인은 생략된 인칭을 마치 주름처럼 접어놓았다가 다시 펼쳐 보이는 듯하다.

1. 한 번에 한 사람이 된다는 건 충분히 좋은 일

매일 다른 눈을 뜬다.

아침은 어김없이 오고

뜨고 싶은 눈을 뜬 날엔
은총이 가득하다.

그렇지만 뜨고 싶지 않은 눈을 뜬 날에도
키스를 받고 싶다.　　　　　―「눈 이야기」 부분

　위 여섯 행에서 우리는 많은 일들을 떠올릴 수 있다. 1연에서는 날마다 갓난아이처럼 다른 사람으로 태어나고 있는 시인의 아침이 떠오르며, 2연에서는 그런 날들이 중첩되어 한꺼번에 겹쳐지며, 3연에서는 여느 날과는 달리 기분 좋은 어떤 특별한 하루가 느껴진다. 4연은 3연과 대비되어 있다. 은총이 없는 어떤 하루일 텐데, 이런 날에도 시인은 사랑을 받고 싶다는 소망을 조용히 발화한다. 여기서 소제목에 주목할 필요가 있다. "한 번에 한 사람이 된다는 건 충분히 좋은 일"이라는 말. 아마도 이 부분은 한 번에 한 사람이 된 어느 날에 대한 기록인 듯하다. 3연

까지만 읽어보자면, "뜨고 싶은 눈을 뜬 날"에 "은총이 가득하다"는 걸 느낀다. 이런 날은 "한 번에 한 사람이 된" 어느 날이다. 시인은 이런 특별한 날을 제외하면 대개 한 번에 여러 사람이 되는가 보다. 산재(散在)한 1인칭을 사는가 보다. 평범하고도 특별한 어느 날에야 내가 단지 한 사람이 된다. 그럴 때에는 다른 날보다 행복하게 눈을 뜨고, 그리고 은총이 충만함을 느낀다. 여기서 우리는 시인의 다른 날들에 대해 상상해볼 수가 있다. 한 번에 여러 사람이 되어 살아가는 날들. 누군가의 언니였다가 누군가의 딸이었다가 누군가의 아내였다가 누군가의 이웃이었다가 누군가의 친구이기도 한 날들. 나는 당신의 나, 혹은 그들의 나일 뿐이다. 내가 나를 만나는 일이 쉽지 않은 날들. 1인칭이 한 번에 한 사람이 되지 않고 이렇게 산재하는 날들에도 은총이 가득하다면 좋으련만. 은총까지는 아니어도, "키스"를 통해 희미해져가는 1인칭의 이마가 환하게 밝혀진다면 좋으련만.

*우리 집에 가자.*
*우리 집에는*
*이름이 아주 많아.* ―「방명록」 부분

이 시집의 마지막 시, 「방명록」도 산재하는 1인칭이 독특한 방식으로 드러난다. 인용 부분의 앞부분을 요약하면 이렇다. "제2의 얼굴"이 '나'에게, 혹은 '내'가 "제2의 얼굴"에게 "사실 나는 다른 사람이야"라고 말한다. 이 말로 인해 서로는 난처해진다. 그다음, 조금의 시간이 흐른 후, 이름이 아주 많은 "우리 집"으로 가자고 시인은 말하고 있다. 시인은 아마도 지금 '난처해할 필요는 없어'라고 위로하며 손을 내미는 중일지도 모르겠다. "*우리 집에 가자*"란 제안은 아무한테나 하는 건 아니니까. 우리 집에 가서 진짜 나를 보여주겠다는 뜻과 같기 때문이다. 그런데 시인은 이 말을 누구에게 하고 있는 걸까. 갸우뚱거리다 보면 굳이 알 필요가 없어진다. 시인에겐 1인칭뿐만 아니라 2인칭 역시도 한 번에 한 사람이 아니라 산재하고 있는 어떤 타자이기 때문이다. 이렇게 인칭은 산재하거나 때로 기각되어 어린아이처럼 자유롭게, 타자와의 경계를 의식하지 않고 스며든다.

> 네가 누구더라도
> 나는 너와 나이가 같다. ─「나의 길이」 부분

 이 시는 시인의 그림자가 쓴 시로 읽힌다. 그림자는 자기 자신이자 동시에 타자이다. 그런 그림자가 나로부터 분리되어 나에게 말을 걸어온다. 비록 "길이"는 다를지라도, "네가 누구더라도/나는 너와 나이가 같다"라고. "같다"라는 말은 일종의 주술인 셈이다. 아주 간단하게 나와

너를 하나로 묶는다. 시인은 어린아이와도 같이 천진하게 비약하여 이렇게 동질감을 확보한다. 다음 시가 그 정점이다.

    우리는 희망을 나눈 사이.

    따뜻하고 동그란 손을 잡으면
    나는 핫케이크를 먹는 기분이 되고

    겨울이 온다.

    나는 기꺼이 기다리고 싶어진다.     —「맛」부분

우리는 "희망을 나눈 사이"다. "기꺼이 기다리고 싶어진다." 너와 내가 "핫케이크를 먹는 기분이 되고" 너와 나의 경계는 따뜻하게 지워진다. 시인은 매일 아침 다른 사람으로 태어나 시를 기록한다. 날마다 나는 변신한다. "누군가의 꿈을 대신 꾸며"(「끝나지 않는 것에 대한 생각」), 어떨 땐 "금자의/시간이 되어"(「금자의 미용실」)가고, "내일부터는 커다란 잠자리가 되"(「눈 이야기」)며, "얼굴은 눈처럼 하얗고/눈송이처럼 많"(「화이트」)아지기도 한다.

아무도 모르게 체조 선수가 되었다.

[……]

세상에는 언제나
한 명의 체조 선수가 부족하고
나는 심장이 뛴다.

그것은 아무도 모르는
무척 아름답고 투명한 일이다.
—「비밀과 거짓말」부분

부족한 한 명을 '내'가 채울 수 있다는 설렘 때문에 체조 선수로 변신을 꾀하기도 하고,

열두 살에 죽은 친구의 글씨체로 편지를 쓴다.
—「보고 싶은 친구에게」부분

친구를 위로하기 위해서도 (물론 친구를 잃은 내 자신의 상실감을 위로하는 것이기도 하다) 자그마한 마법으로서의 변신술을 쓰기도 한다. 시인의 변신술은 다음의 두 시에서 보다 온전하고 적극적이다.

말을 하고 싶다.
피와 살을 가진 생물처럼.
실감나게.

흰 쥐가 내 손을
떠나간다.

날면,
나는 날아갈 것 같다. ――「천사」부분

천사에게
몸을 꾸었다.

부족하지 않을 만큼 나에게도 있었는데
시간과의 비례가
나는 아주 좋지 않은 경우였다고 한다.

천사의 몸으로서
앞으로 나는 빚에 시달리게 된다.

날개로 간신히 숨을 쉬며
무거운 어깨가 영영
어쩔 수 없어져가게 된다.

> 천사는 거의 뒷모습으로 웃으며
> 눈보다 하얀 생각에
> 파묻혀야 한다고 했다. ―「빛」 부분

　시인은 비로소 천사로 변신한다. 시인은 천사에게 주어진 힘겨운 강령들을 수행하고, 타자의 어깨에 걸터앉아 고통을 함께하며, 위로를 속삭인다.
　문학은 변신술을 위기나 공포 앞에서 자신을 은닉하고자 할 때마다 유용하게 차용해왔다. 그러니까 변신술은 일종의 구명 행위이다. 카프카는 그레고르 잠자를 벌레로 변신시켜서, 암묵적으로 합의해온 우리의 현실들을 발가벗겨 노출했다. 오비디우스는 특히, 시간의 흐름 속에서 인간에게 주어진 한계에 대한 탈출구이자 대안으로서의 변신술에 대해 들려주었다. 신해욱의 변신술은 어떤 의미가 있을까. 1인칭 혹은 '나'라는 자명한 개체에 대한 회의에서 그 의미는 출발한다. 현대시는 이상과 김수영 이래로 1인칭 자의식의 각축장이었다. 그러나 사실 1인칭은 정말로 1인칭인가. '나'라는 개체는 생활 속에서 정말로 실재하는가. '나'와 '나 밖의 것들'이 지닌 유기적인 그물망 속에서 왜소해져가는 1인칭에 대해서 생각해본다. 수많은 '나'들의 집합 속에서 희미해져가는 '나'에 대해서 생각해본다. 그리고 다음 시를 읽는다.

이목구비는 대부분의 시간을 제멋대로 존재하다가
오늘은 나를 위해 제자리로 돌아온다.

그렇지만 나는 정돈하는 법을 배운 적이 없다.
나는 내가 되어가고
나는 나를
좋아하고 싶어지지만
이런 어색한 시간은 도대체 어디서 오는 것일까.
—「축, 생일」 부분

이 시는 변신술의 다음 단계이다. 어쩌다가 내 자신으로 돌아온 오늘, 도대체가 어색하다. 이 시의 제목은 「축, 생일」이다. 시인은 "내 삶"이 '나'를 독식해온 것을 목도해야 하는 고달픈 이 순간을 '생일'이라고 명명한다. 우리에게 생일이란, '나'를 떠나 떠돌던 "내"가 어색하게 '나'와 마주하는 하루인지도 모르겠다.

### 미래 시제를 돌아본다는 것

신해욱이 발견한 웜홀의 출구는 '시제'이다. '미래형'이라는 시제. 신해욱의 시에서 시제는 뫼비우스의 띠처럼 독특한 방식으로 연결고리를 갖는다. 과거인 듯한 현재, 현재인 듯한 미래로 이어진다.

    이럴 때 인간이라면 보통
    어떻게 해야 하는 건가.

    이상하다.

    이렇게 시간이 많은데.
    죽지 않은 지
    참 오래된 것 같은데.         ―「과거의 느낌」 부분

  시인은 현재 시제 위에 서서 과거의 느낌들을 들춰낸다. 뒤(과거)를 돌아본다는 것은 무엇일까. 뒤에 두고 온 것들을 돌아보는 일은, 어쩌면 '소금 기둥'을 자처하는 것은 아닐까. '소돔과 고모라'에서처럼 우리는, 뒤를 돌아보는 순간 갖은 추억들에 발목을 잡힌다. 아득히 지나온 날들은 죄악마저도 그리움으로 환산해버리는 기묘함이 있다. 그 모든 그리움이 접착제처럼 우리 신발 밑에 들러붙는다. 몸과 발이 묶인다. 그 지점에서 시인은 생각한다. 비로소 뒤를 돌아보고 비로소 정지하고 보니, "이상하다." 문득 "시간이 이렇게 많"다. 이상하기도 하고 이상하지 않기도 하다. 없던 시간들은 이렇게 뒤를 돌아본 다음에야 비로

소 존재를 드러낸다. 없는 줄 알았던 시간들이 이렇게나 많다. 흘러온 시간과 지금 갑자기 흘러넘치고 있는 시간들을 물끄러미 둘러보자니, "죽지 않은 지/참 오래된 것 같"다. "죽지 않은 지/참 오래된 것 같은데"라는 두 행은 시간 개념을 교묘하게 거스르고 교묘하게 재조립한다. 죽는 날이란 미래의 어느 지점일 텐데, 시인의 문장을 받아들이고 있자니, 과거의 어느 날이었을 수도 있겠다 싶어진다. 정말로 죽지 않은 지 이렇게 오래되었는데도, 우리는 지금 여기에 살아 있다. 무엇을 하며 살아왔을까. 두리번거리게 된다.

  미래의 우리는
  이런 게 아니었을지도 모르지만.
  　　　　　　　　　　　　　　—「금자의 미용실」 부분

 이 시구는 마치 미래에서 보내온 엽서 같다. "미래의 우리" 바로 뒤에 있는 "아니었을지도"라는 추측형 과거 시제. 이것은 미래에 대한 이야기일까, 과거에 대한 이야기일까. 이 구절을 가만히 음미하고 있자니, 날아갔다가 휘어져 되돌아오는 부메랑처럼 시간이 되돌아오고 있는 것만 같다. 미래의 어느 날이 지나간 과거처럼 뒤에 보인다. 미래를 보고 있는데, 뒤를 보는 느낌이고 소금 기둥처럼 몸이 굳는 느낌이다. 시인은 미래 시제로 날아가서 과거를 이야기하고 있다. 아니, 미래 시제가 시인에게 부메랑처럼 휘어져 날아와 과거로 안내하고 있다. 그 묘한 시간을 낚아채 와서 시인은 미래에 대해 과거 시제로 고백하려 한다.

   시인은 어쩌다 이런 시제들을 발견하게 되었을까. 2부의 시편들을 음미하다 보면 조금은 짐작이 가능하다. 2부의 시편들은 대개가 과거 시제로 씌어져 있다. 그 행간 속에서 시인은 어딘가 불편하고 조금씩 불행하며 어쩐지 부족함을 느낀다. 한결같이 결핍에 대해 생각한다. 그러면서도 시인은 많은 상처들을 긍정하고 다독인다. "내가 나빴다"(「色」)라고 자백하기도 하고, "미안. 너의 그림자도 건드렸다"라고 고백하기도 한다. 이렇게 미안해 마지않는 과거지사들을 시인은 조심스레 꺼내놓는다.

   얼굴이 없는 불행을 견디기엔
   나는 너무 나약했다.            —「생물성」부분

   "얼굴이 없는 불행"이란 '웃지 않는 불행'과 같은 말이다. 웃지 않는 얼굴을 시인은 얼굴이 아닌 것으로 여기고 있다. 「얼굴 外」 같은 시를 보면 알 수가 있다. 그러니까 시인은, 웃지 않았던 세월들을 아프게 회고한다. 그 세월들은 얼굴이 없는 세월이었고, 얼굴이 없으므로 자기 자신조차 없는 세월이었다. 1인칭이 부재한 세월들인 셈이

다. 이 세월 동안 시인은 불행했고, 그 "불행을 견디기엔" "너무 나약했다"라고 고백한다. 제목이 '생물성'이라는 사실에 주목할 필요가 있다. 생명 있는 것들은 저마다 얼굴이 있고, 자기의 얼굴로 저마다의 1인칭을 살아간다. 자신의 얼굴이 빚는 간곡한 표정을 통하여, 피와 살을 만들 양분을 찾아내고 섭취한다. 그게 우리가 생각하는 '생물성'이다. 시인은 여기에 한 가지를 더 보탠다. '웃음'이라는 것. '웃는 얼굴'이라는 것. 웃는 얼굴이라야 비로소 살아 있다 말할 수 있는 얼굴이며, 그것이 바로 '생물성'이라 여긴다.

교과서를 읽으며
나는 감동에 젖는다.

아픈 아이들이 아프지 않도록
혼자 죽은 나무들이 외롭지 않도록

정성껏 밑줄을 긋고
한쪽 눈으로 눈물을 흘린다.

칠판에는 하얀 글자들이 가득하고
조금씩 움직인다.

나는 같은 자세로 앉아
자꾸만 같은 줄을 읽으며

나를 지나
그냥 가버리고 마는 이들을
지키고 있다.

죠스처럼
이빨을 드러내며 웃고 싶어진다.
—「호밀밭의 파수꾼」 전문

시인은 "아픈 아이들이 아프지 않도록/혼자 죽은 나무들이 외롭지 않도록" 정성껏 운다. 그러곤 "웃고 싶어진다"고 말한다.

마리를 대신해서
내 얼굴로 웃는 일을 하고 싶어진다.
—「마리 이야기」 부분

웃는 얼굴을 잘 만드는 사람이 되고 싶구나.
—「보고 싶은 친구에게」 부분

이 시집에서 '웃는다'라는 동사를 찾아내는 일은 아주

쉽다. 그런데 번번이 '웃고 있다'라는 현재 시제가 아니라 "웃고 싶어진다"라는 미래 시제 쪽이다. 또 한 가지. 연민과 공감의 대상이 눈앞에 존재할 때에야 시인은 웃고 싶어진다고 고백하곤 한다. 시인에게 미래란 이런 것인 셈이다. 연민하고 공감하는, 사랑하는 타자가 앞에 있다는 것. 그 미래를 앞에 두고서라면 시인은 기꺼이 웃을 수 있다. 우리가 떠나온 자리로서의 과거를 되돌아볼 때에 소금 기둥이 되어버리듯, 시인은 사랑하는 대상으로서의 미래를 돌아볼 때에야 행복한 소금 기둥이 될 수 있다.

이상한 전화가 왔다.

"기다려. 지금 갈게."

*

기다려. 지금 갈게.

*

식민지가 된 것처럼 나는 조용했다.

여분의 손에 수화기를 맡기고

두 손을 포함하여 나는
원래부터 그래야 했던 것 같았다.　　　—「벨」전문

　위의 시는 1부의 마지막에 놓인 시이다. "기다려. 지금 갈게"라는 말도 〔"네가 누구더라도/나는 너와 나이가 같다" (「나의 길이」)에서의 "같다"처럼〕 어쩐지 말 자체가 마법이다. 부드럽고 기분 좋은 명령과 같다. '나'는 소금 기둥이 된 듯 포박된다. 기다리라는 한마디 말에 순종하여 다소곳이 기다리게 된다.

*

　2000년대의 시는 '언어를 사용하는 방식'에 관해서만큼은 진화를 하고 있다고 말해도 좋다. 2000년대 시인들은 더 이상 리듬과 호흡 때문에 행과 행을, 연과 연을 나누지 않는다. 이들은 자신들이 배열하고 조합하는 것들을 용의주도하게 나열하기 위하여 행과 연을 사용한다. 배열과 조합은 이들의 공통 무기이고, 무엇을 배열하고 어떻게 연결하느냐에 따라 서로 갈 길이 다른 것으로 보인다. 진은영이 예민한 투시력으로 징후를 배열할 때, 김행숙이 조립 완구처럼 신체를 배열하며 숙고할 때, 하재연이 재현 가능함과 불가능함을 넘나들며 이미지들을 배열할 때, 이근화가 결합 불가능할 이물질들을 두리번거리며 찾아내어 배열해나갈 때, 신해욱은 타임캡슐에서 꺼낸 시간의 조각들과 무수한 1인칭들을 우리 앞에 배열한다. 진은영과 김행숙과 하재연과 이근화가 태연스레 제시하는 모든 전언들은 시적 언술의 능동과 수동을 동시에 부정한다. 이들은 이전 세대가 지닌 시적 열정의 불길한 자의식으로부터 퇴각하여 서늘한 중립을 선호한다. 어떻게 보면, 지젝이 빌려와 쓰고 있는 '바틀비Bartleby'*의 태도, "나는 그렇게 하지 않는 것을 선호합니다I would prefer not to"와 같은 맥락의 태도이다.

그러나 신해욱은 이들과 반대 방향으로 나아간다. 능동과 수동을 동시에 껴안는다. 능동과 수동을 오버랩시키기 위해, 시인은 1인칭을 산재하며 변신술을 쓰고, 미래 시제를 과거 시제로 잇는다. 이렇게 함으로써 존재를 확장하려 한다. '생물성'답게 살아가기 위하여. 동시대 다른 시인들이 1인칭의 과잉을 피해가기 위해서 1인칭을 기각하고 "소수점 이하의 인칭"**을 쓸 때에, 신해욱은 1인칭에서 그 과잉된 자의식의 질량만을 줄여 1인칭을 확장한다. 산재함으로써. 서로 다른 시제가 같은 시 속에서 경계를 지우기 시작하자, 질량을 줄이고 헬륨 풍선들처럼 1인칭들이 떠오르기 시작한다. 신해욱은 헬륨 풍선을 타임머

---

\* 허먼 멜빌의 소설 「바틀비Bartleby」의 캐릭터.
\*\* 이광호, 「소수점 이하의 1인칭들 — 한국 시와 1인칭의 모험」, 『익명의 사랑』, 문학과지성사, 2009 참조.

신처럼 타고 날아다니다가 미래의 타임캡슐을 손에 들고 돌아와 우리 앞에 조용히 꺼내놓고 있다.

 신해욱의 시를 설명하기 위해서 '군더더기가 없다'라는 말을 쓰면 안 된다. '절제'라는 낱말도 들먹이면 안 된다. 이런 용어들은 신해욱에게 조금 요란하다. 신해욱의 언어는 '곡진한 속삭임'에 가깝다. 곡진한 말은 간절함보다 더 고요하고, 정성보다 더 아련하며, 사려보다 더 신중한 말이다. 말을 아끼려고 아끼는 게 아니라, 말로 할 수 없는 말. 말들의 타임캡슐.
 신해욱의 시는 늦게 온다. 행과 행 사이, 연과 연 사이, 그 사이에는 시인이 인칭과 시제를 넘나들며 남겨놓은 투명한 구멍이 있다. 우리는 그것을 '신해욱의 웜홀'이라고 부르자. 그리고 그 웜홀을 조용히 지나가도록 하자. 신해욱이 발견한 웜홀에 대해 "투명한 믿음"(「물감이 마르지 않는 날」)을 갖고서. 시인의 곡진한 속삭임을 통해서 "뼈가 보일 만큼/뼈를 넘어설 만큼/선명한 이야기가/손끝에만"(「Texture」)져질 거다. 우리에게 귀가 두 개 있다는 사실에 행복해질 거다. "귀가 몇 개만 더 있으면 정말 좋았을 텐데"(「귀」) 싶어질 거다. ▨